Lilli Nitsche, Backsteingiebel und Systemtheorie

NEXUS
Historische Bauwerke und ihre Bewohner

Wilhelm Luhmann mit den Söhnen Niklas, Dieter und Heinrich 1937.

Lilli Nitsche

Backsteingiebel und Systemtheorie

Niklas Luhmann – Wissenschaftler aus Lüneburg

MERLIN VERLAG

Inhalt

Die Brücke

Wer nach Lüneburg kommt und die beiden „Wahrzeichen" der mittelalterlichen Hansestadt besucht – den historischen Kran und das Alte Kaufhaus –, der befindet sich in unmittelbarer Nähe des Elternhauses von Niklas Luhmann. Keine hundert Meter entfernt, auf der anderen Seite der Ilmenau, ist er in den 1930er Jahren aufgewachsen. Der Soziologe Niklas Luhmann gilt international als einer der bedeutendsten Wissenschaftler des 20. Jahrhunderts. Er stammt aus einer Lüneburger Unternehmerfamilie, die am alten Salzhafen, direkt an der Kaufhausbrücke, über Generationen eine Brauerei betrieben hat.

Das alte Brauhaus steht noch, es ist das Eckhaus rechts der Brücke, ein altes Giebelhaus aus rotem Backstein. Inmitten des touristisch wiederentdeckten Hafenviertels zeigt es ein unerwartet authentisches Gesicht: Seit dem 16. Jahrhundert wurden an dem Gebäude nur die notwendigen Instandsetzungen und zweckmäßigen Umbauten vorgenommen. Das Haus ist kein Schmuckstück, es ist ein Original. Es lädt dazu ein, der 500-jährigen Geschichte dieses Ortes nachzugehen, an dem Niklas Luhmann geboren und aufgewachsen ist.

Überqueren wir also die Brücke.

Der Hafen

Das Elternhaus Niklas Luhmanns steht in der *Salzstraße am Wasser*, direkt am Hafen. Ein Kaufmann, der sich auf den Fernhandel spezialisiert hatte, ließ das Haus im 16. Jahrhundert als Brauhaus errichten – es war die Wende vom Mittelalter zur Neuzeit. Lüneburg zählte damals zu den 20 größten deutschen Städten. Von hier wurden jährlich 19.000 Tonnen Salz verladen und verschifft. Lüneburg, die Stadt mit ihren Attributen „mons", „fons" und „pons" – dem Kalkberg, der Solequelle und der Ilmenaubrücke –, erlebte die Spätphase einer langen Blütezeit.

Der Lüneburger Hafen hatte sich unter dem Einfluss Heinrich des Löwens entwickelt, der ab 1142 als Herzog von Sachsen auch Lüneburg regierte. Lüneburgs wichtigstes Handelsgut war das Salz, das zunächst über das nahe gelegene Bardowick verschifft wurde. Nach der Zerstörung des Bardowicker Hafens 1189 wurde das Salz direkt von Lüneburg aus nach Lübeck und von dort in den Ostseeraum transportiert, so dass die Einnahmen aus dem Fernhandel der Salzstadt zugutekamen.

Lüneburg im Jahr 1595, Holzschnitt von Abraham Saur.

Der entscheidende Antrieb für den Ausbau des Hafens war die Saline. Anfangs noch in den Händen der Landesherren, wurden die Anteile der Saline schrittweise verkauft oder verschenkt. Um 1350 waren die Salzpfannen zur Hälfte städtisch-bürgerliches, zur Hälfte kirchliches Eigentum. Die Anteilseigner verpachteten ihre Pfannen an die Sülfmeister. Da die Pachtungen vererbbar waren, entwickelten sich die Familien der Sülfmeister zu den wohlhabendsten Familien der Stadt. Ihre Wirtschaftskraft war für die Stadt von so großer Bedeutung, dass die Sülfmeister auch die politische Macht innehatten. Sie allein stellten den Rat – noch bis ins 17. Jahrhundert hinein galt kein anderer Berufsstand als ratsfähig.

Die Saline war schon im 13. Jahrhundert ein vorindustrieller Großbetrieb und damit eine Ausnahmeerscheinung in Europa. Herzstück des Betriebs war der Sod, ein ca. 15 Meter tiefer Salzbrunnen, in dem die Sole gesammelt wurde. Mit Hilfe einer Zugvorrichtung, ab dem 16. Jahrhundert über Pumpen, wurde das salzhaltige Wasser nach oben befördert. Rinnen und Kanäle leiteten die Sole zu den Siedehütten. Dort wurde sie in Bleipfannen über Holzfeuern so lange erhitzt, bis alle Flüssigkeit verdampft war. Bereits im Jahr 1262 waren 54 Siedehütten mit jeweils 4 Pfannen in Betrieb; in jeder Hütte arbeiteten 5 Personen. Die Salzgewinnung erfolgte Tag und Nacht. Erst im Jahr 1980 stellte die Saline ihren Betrieb endgültig ein.

Mit dem Ausbau des Hafens im späten 13. Jahrhundert ließen sich in dem noch unbebauten Gebiet am nördlichen Ilmenauufer wohlhabende Sülfmeister und Kaufleute nieder, die den Warenumschlag organisierten. 1289 war hier eine zweite Brücke über die Ilmenau geschlagen worden. Wer von Osten kam, konnte nun über den Fluss direkt zum Marktplatz gelangen. Entlang der heutigen *Lüner Straße* errichteten die Klöster der Umgebung ihre Stadthöfe. Nahe der Brücke, in der *Salzstraße am Wasser*, betrieb der Sülfmeister Viskule einen der größten Handelshöfe, der Salzräume, Werkstätten und Wohnhäuser umfasste. Das Viertel war belebt von den vielfältigen Berufsständen, deren Gewerbe mit dem Hafen in Verbindung standen: den Böttchern, Schiffern, Heringskaufleuten und Brauern. Waren, die per Schiff in Lüneburg eintrafen, wurden im Hafen auf Stapel gelegt und zum Verkauf angeboten. Spätestens ab 1302 befand sich am Hafenbecken ein von der Stadt betriebenes „Heringshaus". Hier schlugen die Kaufleute ihre Handelsgüter um, hauptsächlich importierten Fisch aus dem Nord- und Ostseeraum, aber auch Kupfer und Erze, Tuche und Rauchwaren, Getreide, Fleisch und Milchprodukte. Aus dem ursprünglichen „haringshus" wurde das „Kophus". Dem Kaufhaus gegenüber, am Fischmarkt, betrieb die Stadt einen Kran, der das Be- und Entladen der Schiffe erleichterte. Erstmals 1330 erwähnt, wurde der mehrmals umgebaute Hafentretkran mit seiner Leistungskraft von 1,6 Tonnen erst 1860 stillgelegt – er ist noch heute eine beliebte Sehenswürdigkeit.

Lüneburg stärkte seine Position innerhalb des nordeuropäischen Wirtschaftsraums durch den Beitritt zur Hanse, wurde neben Lübeck, Bergen und Visby zu einer der reichsten Städte des Bündnisses und übernahm aufgrund seiner Lage eine Mittlerfunktion zwischen den Land- und den Hansestädten des Ostseeraums. In Lüneburg trafen dreizehn Handels- und Heerstraßen zusammen. Die Stadt war ein Verkehrsknotenpunkt mit dem Hafen im Zentrum.

Die Hanse, ein Wirtschaftsbund in der nordeuropäischen Handelsregion, ging zunächst von Lübecker Kaufleuten aus. Bereits im 12. Jahrhundert unterhielten sie Wirtschaftsbeziehungen zu Städten im gesamten Nord- und Ostseeraum; ihr Handelsnetz erstreckte sich von Novgorod bis London. Im 14. Jahrhundert hatten sich knapp 200 See- und Binnenstädte der Interessengemeinschaft angeschlossen. Ohne an einen Herrscher oder eine Nation gebunden zu sein, war die Hanse damit eine nordeuropäische Großmacht. Erst im 17. Jahrhundert verlor die Hanse an Bedeutung. Der letzte Hansetag, oberste Instanz der Gemeinschaft, wurde 1669 einberufen.

Zu der Zeit, als der Kaufmann Clawes Kroger mitten im Hafengebiet sein Brauhaus errichten ließ, erlebte der Berufsstand der Brauer einen enormen Aufschwung. Das Brauwesen hatte sich in

Der Lüneburger Hafen mit dem Anwesen in der *Salzstraße am Wasser 1* um 1590, Kupferstich von Frans Hogenberg.

Lüneburg erst im 15. Jahrhundert zu einem Gewerbe entwickelt. Bis dahin wurde das Bier für den eigenen Bedarf von jedem Haushalt selbst gebraut. Die ersten gewerblichen Brauer waren Kaufleute wie Clawes Kroger, die den einträglichen Nebenerwerb zum Beruf machten. Während 1418 nur acht Brauhäuser in Lüneburg verzeichnet waren, hatte sich ihre Zahl 1580 verzehnfacht.

Die Brauer stiegen neben den Sülfmeistern und den Heringskaufleuten zu den angesehensten Bürgern der Stadt auf. Sie galten als gebildet und geschäftstüchtig und strebten nach politischer Einflussnahme: Bereits Mitte des 15. Jahrhunderts hatten sie mit anderen Handwerkern und Kaufleuten einen Forderungskatalog an den Rat adressiert, um stärkere Mitbestimmung und größere Rechtssicherheit zu erlangen.

Der Bierkonsum betrug in Lüneburg um 1520 etwa 1,7 Liter pro Kopf und Tag. Bier galt den Menschen als Nahrungsmittel, da es, anders als das Fluss- oder Brunnenwasser, frei von Verunreinigungen war. Für das Braugewerbe wurde zwischen 1521 und 1531 ein eigenes System zur Wasserversorgung eingerichtet, die Abtswasserkunst, auch Brauerkunst genannt. Über Schöpfräder, Pumpen und Wassertürme wurden die Brauereien an bestimmten Tagen im Monat mit Ilmenauwasser versorgt.

Die Errichtung des Brauhauses fiel in eine Zeit reger Bautätigkeit im gesamten Stadtgebiet. Noch heute sind die zentralen Plätze Lüneburgs – der Sand, der Marktplatz, der Hafen – von den Bauten aus dem 15. und 16. Jahrhundert geprägt. Die Baukonjunktur war Ausdruck eines gesellschaftlichen Wandels, der in diesem Jahrhundert ganz Europa bestimmte: Gottesfurcht und Jenseitsglaube, die das geistige Leben im Mittelalter geprägt hatten, wichen zunehmend der humanistischen Idee vom Individuum und seiner Fähigkeit, das Leben durch Fleiß gottgefällig zu gestalten. Mit der Reformation der Kirche, die Martin Luther 1517 bewirkte, schwand der Einfluss der Kirche in vielen Lebensbereichen, besonders dem beruflichen.
Luthers Forderung nach einem Ende der kirchlichen Bevormundung fand in Lüneburg zuerst unter der nicht-ratsfähigen Bürgerschaft, bei den Brauern, Kaufleuten und Handwerkern, ihre Befürworter. Sie setzten sich gegen die anfängliche Skepsis des Rates durch und bewirkten ab 1530 die Einführung der lutherischen Lehre. Aus der Auseinandersetzung um eine neue Glaubensordnung zogen sie das Bewusstsein ihrer eigenen Stärke. Ihr Selbstverständnis übertrug sich auch auf die Baukultur: Nach dem Vorbild der Sülfmeisterhäuser erhielten nun auch die Bürgerhäuser repräsentative Fassaden mit eindrucksvollen Giebeln und aufwendigem Mauerwerk. Die seit langem geforderte Mit-

sprache in der städtischen Politik erreichten die Bürger im Jahr 1619: Die Sülfmeister gestanden fünf Sitze im Rat den bisher nicht ratsfähigen Ständen zu. Drei der fünf Sitze fielen an die einflussreichen Brauer.

Die wirtschaftliche Entwicklung der Stadt aber hatte ihren Höhepunkt erreicht: Der wachsende europäische Salzmarkt und die zunehmende Orientierung hin zum Überseehandel setzten neue Maßstäbe, auf die sich die Lüneburger Salzhändler nicht

Das alte Brauhaus mit der Kneipe „PONS", 2010.

einzustellen vermochten. Lüneburg verlor seine Bedeutung als Wirtschaftsstandort und war schließlich nur noch als Verwaltungssitz von Bedeutung. Das historische Ensemble des Hafens hingegen ist erhalten geblieben; das von Clawes Kroger errichtete Brauhaus steht unverändert zwischen Viskulenhof und Kaufhausbrücke und wurde zum Ort der Kindheit Niklas Luhmanns.

Das Haus

Die architektonische Konzeption der Häuser des Hafenviertels fußt auf den Ordnungsvorstellungen des 14. und 15. Jahrhunderts. Grundlegend ist die räumliche Intention einer schützenden Festung mit Ecken und Winkeln, in der sich enge und weite, helle und dunkle Räume abwechseln. Die Häuser der Kaufleute und Handwerker mit ihren wehrhaften Backsteingiebeln und

Das alte Brauhaus Ende des 19. Jahrhunderts.

roten Fassaden hatten eine stützende Funktion für das städtische Leben. Sie sind innerhalb zweier Jahrhunderte errichtet worden, aber bestimmen das Stadtbild noch heute.

Das Brauhaus in der *Salzstraße am Wasser* ist Teil dieser bürgerlichen Backsteinarchitektur, für die Lüneburg so bekannt ist. Es ist der Kernbau eines Anwesens, das sich seit fünf Generationen in Besitz der Familie Luhmann befindet und auf dem auch Niklas Luhmann aufgewachsen ist. Das Grundstück zählt zu den größeren Grundstücksparzellen des Hafenviertels, es erstreckt sich vom alten Salzhafen bis zur parallel gelegenen Straße *Im Wendischen Dorfe* und von den Salzspeichern des Viskulenhofs bis zur *Lüner Straße.* Die Grundstücksgröße spricht dafür, dass das Areal zu den patrizischen Grundstücken gehört hat, die im 14. und 15. Jahrhundert, mit dem Ausbau des Hafenviertels, neu angelegt worden waren. Das Anwesen war groß genug, dass auch weitere Wohn- und Wirtschaftsgebäude darauf Platz fanden. Von ihnen ist das alte Brauhaus das einzige, das fast 500 Jahre überdauert hat. Es ist niemals grundsaniert, sondern immer nur partiell ausgebessert worden. So wirkt die Backsteinfassade wie ein

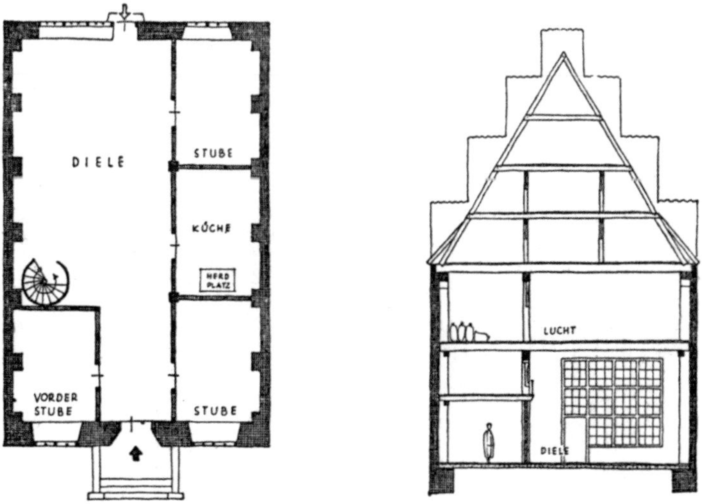

Der Typus des Lüneburger Bürgerhauses, Grundriss und Schnitt.

Patchwork aus verschiedenen Jahrhunderten, an dem sich die baulichen Veränderungen gut ablesen lassen.
Das 1517 von dem Fernhändler Clawes Kroger als Brauhaus errichtete Gebäude war ursprünglich einstöckig; mit einer Diele, die sich über das gesamte Erdgeschoss erstreckte, entsprach es dem Typus des norddeutschen Dielenhauses.

Das Dielenhaus war im niederdeutschen Raum der Prototyp des Bürgerhauses. Seine einfache Konstruktion konnte leicht an die gewerblichen und häuslichen Erfordernisse des Besitzers angepasst werden. Die Grundfläche bestand aus einem langgestreckten Rechteck von etwa acht bis zehn Metern Breite und meist doppelter Länge. Im Erdgeschoss lag die „hohe Diele" mit der doppelten Höhe eines üblichen Wohnraums. Sie war der zentrale Raum des Hauses, in dem der Hausherr sein Gewerbe ausübte. An einer der Schmalseiten wurde häufig ein Zwischengeschoss eingezogen, das über eine Spindeltreppe zu erreichen war und zusätzlichen Wohn- oder Speicherraum bot.

Die Raumaufteilung des Brauhauses war ganz auf die Herstellung von Bier ausgerichtet. Auf den Speichern im Dachgeschoss lagerten die Vorräte an Gerste, Malz und Hopfen. Gebraut wurde in der Diele. Die Braupfanne dort fasste etwa 4.000 Liter, in ihr wurde der Sud aus Hopfen und Malz angesetzt. Im Keller konnte das Bier gären und in Fässern bis zum Verkauf gelagert werden.
Der Eingang zum Brauhaus lag ursprünglich auf der Giebelseite zur Ilmenau hin; dem entsprechend ist die Adresse noch immer *Salzstraße am Wasser 1*. Im späten 19. Jahrhundert wurde das Portal durch ein Fenster ersetzt. Die Bogenform des alten Türstocks lässt sich im Mauerwerk noch erkennen.
Von dem Gebäude des Jahres 1517 ist noch der Rohbau erhalten: Unterkellerung, hohes Erdgeschoss und Dachkonstruktion sind fast unverändert.
1589/90 wurde das Haus in einer zweiten Bauphase um ein Obergeschoss erweitert, mit einem zweiten Portal versehen und durch Friese, Tausteine und Ausluchten an den Geschmack der Zeit angepasst.

Die Aufstockung war die einschneidenste bauliche Veränderung; durch sie konnte im Erdgeschoss Raum für die Bewirtung von Gästen gewonnen werden – eine Nutzung, die noch heute besteht. Eine dendrochronologische Untersuchung im Jahr 1999, bei der das Alter des Bauholzes bestimmt wurde, hat rekonstruiert, dass die Dachkonstruktion 1589 vorübergehend abgetragen wurde, um das zusätzliche Stockwerk aufzusetzen. Danach wurde das alte Dachwerk wieder aufgeschlagen. Der eicherne Querbalken an der Traufseite des Eckhauses, die zur Lüner Straße zeigt, deutet diesen Eingriff noch an.

An der Traufseite befindet sich auch das heutige Eingangsportal. Dieses Portal diente dem Braubetrieb seit der Erweiterung als Wirtschaftseingang. Es bildet zusammen mit dem darüber befindlichen Kranhaus, das den Dachspeicher zur Lüner Straße hin öffnet, eine vertikale Achse, die das Haus als Wirtschaftsgebäude kenntlich macht.

Neben dem räumlichen Ausbau erhielt die Fassade des Brauhauses verschiedene Schmuckelemente. Der Fassadenschmuck an den Bürgerhäusern entsprach dem neuen bürgerlichen Selbstverständnis des 16. Jahrhundert und orientierte sich an der Gestaltung der Sülfmeisterhäuser. Aufwendig gearbeitete Formsteine zierten nun auch viele Häuser von Handwerkern und Kaufleuten. Ein typisches Schmuckelement aus dem 16. Jahrhundert ist in Lüneburg nur noch an Luhmanns Elternhaus zu entdecken: ein

Der Schmuckfries an der Traufseite des alten Brauhauses.

Fries aus hellgrauen Putzflächen und sternförmig angeordneten Formziegeln, der an der Traufseite des Hauses zwischen Erdgeschoss und Obergeschoss verläuft. Heute sind nur noch Fragmente dieses Frieses erkennbar – das Wissen um seine Einzigartigkeit macht ihn um so kostbarer. Am Ende des Schmuckfrieses befindet sich die Inschrift „Anno Domini 1590“, die den umfassenden Ausbau des Brauhauses markiert. Ein zweiter, schmalerer Fries, ebenfalls aus quadratischen Putz- und Ziegelfeldern, umrahmt das neu eingelassene, heutige Eingangsportal.
Der horizontale Fries war ursprünglich von Tausteinen eingefasst, die auch die Giebelfassade schmückten. Sie sind heute an dem Haus nicht mehr zu sehen, nur die querlaufenden Putzstreifen unterhalb des Giebels verweisen auf ihre frühere Präsenz. Der Taustein war als Element der Fassadengestaltung in Lüneburg sehr beliebt: Der wie ein Schiffstau gewundene Formstein war aufwendig herzustellen und daher ein kostspieliges Detail, das sich nicht jeder leisten konnte und das Status und Prestige markierte. Als sich die Tausteine am Brauhaus in der *Salzstraße am Wasser* in den 1950er Jahren lockerten und zur Gefahr für Fußgänger und parkende Autos wurden, ließ sie der damalige Besitzer, Niklas Luhmanns Vater, abtragen.

Auch wenn es dafür keinen Beleg gibt, ist anzunehmen, dass die Fassade im 16. Jahrhundert durch einen mehrfach gestaffelten Giebel abgeschlossen wurde. Die backsteinernen Staffelgiebel des 15. und 16. Jahrhunderts sind an den Häusern des Hafenviertels bis auf wenige Ausnahmen verschwunden. Der Giebel des alten Brauhauses wurde Mitte des 19. Jahrhunderts abgetragen und durch einen einfachen Dreiecksgiebel ersetzt, der die vormalige Stufenform nur noch andeutet.

Durch eine erstaunlich große Zahl von Fenstern, Luken und Luchten – insgesamt 17 – öffnet sich das Haus zum Hafen hin. Auffallend sind die verglasten Erkervorsprünge im Erdgeschoss, die Ausluchten bzw. Utluchten, wie sie im Niederdeutschen heißen. Sie kamen Mitte des 16. Jahrhunderts in Lüneburg in Mode. Den Gästen des Brauhauses gaben sie einen Panoramablick auf den Hafen frei. Die Originale haben die Zeit nicht überdauert und wurden im 19. Jahrhundert durch neue ersetzt.

Da die Stadt von großen Bränden, Zerstörungen und Kriegseinwirkungen verschont geblieben ist, findet sich in Lüneburg, insbesondere am Hafen, ein unvergleichlicher Bestand an originaler Bausubstanz. Für die Lüneburger gehört diese einzigartige Architektur zum Alltag. Wer hier lebt, ist von Geschichte umgeben, in die er mit Selbstverständlichkeit hineinwächst.

Das alte Brauhaus und das benachbarte Wohnhaus der Familie Luhmann aus dem Jahr 1911.

Der Brauer

Ich glaube übrigens nicht an eine Determiniertheit von Lebensgeschichten. Biographien sind mehr eine Kette von Zufällen, die sich zu etwas organisieren, das dann allmählich weniger beweglich wird.

Niklas Luhmann 1987, S. 149.

Die Eigentümer des Brauhauses wechselten im Laufe der Jahrhunderte oft. Meist stammten nicht mehr als zwei Generationen aus derselben Familie. Erst Mitte des 19. Jahrhunderts, als der Urgroßvater Niklas Luhmanns den Braubetrieb übernahm, setzte eine Kontinuität der Besitzverhältnisse ein, die bis heute anhält. Friedrich Wilhelm Luhmann war der Sohn eines Schäfers. Dass er die Brauerei einmal leiten würde, war in der damaligen Klassengesellschaft eigentlich nicht zu erwarten. Sein Aufstieg vom Brauknecht zum Unternehmer war einer Reihe schicksalhafter Fügungen zu verdanken: Sein Lehrherr, Braumeister Schulz, hatte sich gemütskrank in die Ilmenau gestürzt. Die Witwe Schulz heiratete erneut und ihr zweiter Mann, der Schankwirt Hillmer, wurde Besitzer der Brauerei. Doch auch Hillmer starb bald, und die Brauerei fiel an Schulzes Tochter Marie-Dorothee und ihren Gatten. Als auch Marie-Dorothee verwitwete, ergriff der 33-jährige Friedrich Wilhelm die Gelegenheit und warb um die Gunst der Gleichaltrigen. Die beiden kannten sich seit ihrer Jugend, denn als Brauknecht hatte er im Haushalt der Familie Schulz gelebt. Im Frühjahr 1849 fand die Hochzeit statt.

Zu dem ererbten Grundbesitz zählten – neben dem Brauhaus – ein benachbartes Wohnhaus, das Saalhaus und das Stallhaus zur *Lüner Straße* hin, das rückseitige Kutscherhaus sowie das Giebelhaus auf dem ehemaligen Viskulen-Grundstück. Das Ehepaar Luhmann bewohnte das Zwischengeschoss des Brauhauses, es war unter Brauer Schulz zum Wohnraum ausgebaut worden. Hier brachte Marie-Dorothee zwei Söhne zur Welt. Das Familienglück währte jedoch nur kurz, denn Friedrich Wilhelm erkrankte und musste sich einer Kur unterziehen. Um die Kosten dafür aufbringen zu können, wurde das Giebelhaus am Viskulenhof verkauft. Trotz der Behandlung verschlechterte sich sein Zustand. Als der Brauer 1858 starb, war er 42 Jahre alt. Sein ältester Sohn Heinrich war erst acht.

Brauer beim Abfüllen des Bieres.

Heinrich Luhmann machte in zweiter Generation aus dem alten Brauhaus ein modernes Unternehmen. Von der Brauerausbildung kehrte er 1870 mit ehrgeizigen Plänen nach Lüneburg zurück. Zunächst gründete er eine Familie: Er heiratete die Apothekertochter Pauline Harmsen aus Bergedorf; ihre Mitgift half ihm bei der Renovierung des Brauhauses. Er erweiterte das gastronomische Angebot der Schankstube, der er den Namen „Altlüneburger Bierstube“ gab. Am Stammtisch saßen die Händler und Fischer vom Stintmarkt und die Schiffsleute vom *Wendischen Dorf*; am Abend kehrten die Dragoner von der Lüner Kaserne ein. Auch wenn in der Gaststätte ein eher zünftiges Publikum verkehrte, legte Heinrich Wert auf eine gehobene Einrichtung, wie sie für das Bürgertum im Kaiserreich üblich war. Den Gastraum zierte ein Landschaftsbild des Bardowicker Malers Otto Kaule; eine Wand ließ er mit Delfter Kacheln verkleiden. Über den Kacheln war zu lesen:

Ein altes Haus von Sturm bewegt, doch fest in seinem Streben, ein rechter freier Bürgersinn, der leb' und weil' noch lang darin.

Dieser Spruch zeigt Heinrich Luhmanns Orientierung an einem bürgerlichen Arbeitsethos, dessen wichtigste Werte Strebsamkeit und Unabhängigkeit waren.

Heinrich Luhmann führte sein Unternehmen als Familienbetrieb ohne Angestellte. Sein Enkelsohn Heinrich, einer der beiden Brüder Niklas Luhmanns, weiß aus Erzählungen, wie mühsam diese Zeit war: „Großvater musste nachts bis drei oder vier Uhr seine Kunden bedienen. Und manchmal musste er gleich ins Sudhaus rüber, er musste ja wieder Bier brauen, und kam gar nicht zum Schlafen."

Das Geschäft kam zwar in Schwung, doch für die wachsende Familie warf es langfristig zu wenig ab. Die Umsätze ließen sich nicht steigern.

1840 hatte sich der Alte Kran am Fischmarkt unter dem Gewicht der allerersten Lokomotive verbogen. Dieses Schwergewicht des technischen Erfindergeistes löste einen industriellen Boom aus, der alles Bisherige in den Schatten stellte. Die Städte Lübeck und Lauenburg, Harburg und Lehrte, Wittenberge und Lüneburg wurden durch Gleise verbunden. Gleichzeitig entstanden an Lüneburgs nördlichem Stadtrand die ersten Fabriken. In den Handwerksbetrieben kamen immer häufiger Dampfmaschinen und Motoren zum Einsatz.

Das Gebäude der ehemaligen „Braunbier-Brauerei H. Luhmann".

Vom Aufschwung der Gründerjahre angetrieben, beschloss Heinrich den Neubau eines modernen Brauereigebäudes, das die fabrikmäßige Herstellung von obergärigem Braunbier ermöglichen sollte. Im Dreikaiserjahr 1888 riss er auf seinem Grundstück das Saalhaus, den Stall und das Sudhaus ab. Auf der freigewordenen Fläche ließ er einen dreieinhalbgeschossigen Neubau aus rotem Backstein errichten. Die neue Brauerei steht noch heute und ist ein anschauliches Beispiel für einen klar strukturierten Industriebau des ausgehenden 19. Jahrhunderts, in dem alle Prozesse des Brauverfahrens stattfinden konnten. Turmförmig ragt eine Darre aus dem Dach, in der das Malz getrocknet und geröstet wurde. Heinrich Luhmann hatte damit sein Unternehmen erheblich erweitert: Die Brauerei nahm nun einen ganzen Straßenzug ein, und Heinrich Luhmann konnte einen Brauer, zwei bis drei Hilfskräfte und im Winter einen Mälzer beschäftigen. Die „Braunbier-Brauerei H. Luhmann" war nach der Kronen- und der Hasenburger Brauerei die drittgrößte Brauerei in Lüneburg.

Braunbier war das traditionelle Bier Lüneburgs. Es hatte eine rotbraune Farbe und schmeckte eher herb, vergleichbar mit dem heutigen Altbier. Gegenüber anderen obergärigen Bieren hatte Braunbier aufgrund des schärfer gerösteten Korns den Vorteil, dass es etwas länger hielt. So wurde es ab dem 16. Jahrhundert von Lüneburger Kaufleuten erfolgreich als „Seebier" an die Hamburger Island- und Norwegenfahrer verkauft.

Noch während der Planung des Neubaus war Heinrichs Frau gestorben. Pauline Luhmann hinterließ zwei Söhne, Heinrich und Adolf. Der Vater entschied sich nur wenige Monate nach Paulines Tod für eine Ehe mit ihrer Schwester Wilhelmine. Gemeinsam hatten sie vier Kinder, drei Söhne und eine Tochter. Heinrich junior, Sohn aus erster Ehe, war als Nachfolger in dritter Generation für die Brauerei vorgesehen. Die anderen Kinder sollten ein Studium aufnehmen. Margarete, die Tochter, zählte zu den ersten Lüneburgerinnen, die das Abitur machten und Medizin studierten.

Spätestens seit der Expansion der Brauerei gehörte Heinrich Luhmanns Familie zum gehobenen Bürgertum Lüneburgs. In seiner Freizeit ging der Unternehmer gern zur Jagd; der Architekt Franz Krüger und der Stadtarchivar Wilhelm Reinecke, beide einflussreiche Lüneburger, zählten zu seinen Freunden. Wie sie engagierte sich auch der Brauereibesitzer im öffentlichen Leben der Stadt. Seit 1885 wurde er regelmäßig zum Bürgervorsteher gewählt. 1895 ernannte man den für seine pragmatische Art geschätzten Heinrich Luhmann zum Bausenator; seinem Amt oblagen die städtischen Bauangelegenheiten und gärtnerischen Anlagen. In seiner Amtszeit wurde 1897 die städtische Abfuhranstalt eingeführt, ein Kübelsystem, das in der Lüneburger Altstadt noch bis ins Jahr 1981 erhalten blieb.

Die Brauerei Luhmann kam als Lieferant von traditionellem Braunbier bald an die Grenzen ihrer Kapazität. Heinrich war bei der Modernisierung des Unternehmens nur einen halben Schritt in Richtung Zukunft gegangen: Die Braumenge war mit zwanzig Hektolitern relativ klein geblieben und eine Umstellung auf das beliebter werdende untergärige Lagerbier ließ das Gebäude nicht zu.

Mit der Vision, die Brauerei doch eines Tages dem modernen Brauverfahren anzupassen, stieg Heinrich Luhmann Junior ab 1904 in den Familienbetrieb ein. Vater und Sohn erwarben zunächst den benachbarten Speicher, der wie das alte Brauhaus noch aus dem 16. Jahrhundert stammte und lange Zeit als Salzspeicher genutzt worden war. Damit konnte der Betrieb um großräumige Lager-, Gär- und Eiskeller erweitert werden. Das Eis für den Kühlraum stammte damals noch vom Jägerteich am westlichen Ende der Stadt; dort wurde es im Winter gehackt und mit Pferdewagen zum Speicher gefahren, wo es möglichst bis zum Spätsommer vorhalten sollte.

1911 plante der Senior den Bau seines Alterssitzes auf dem Luhmannschen Grundstück. Als Architekt beauftragte er seinen Freund Franz Krüger, der in Lüneburg eine Reihe eleganter Häuser entworfen hatte. Obwohl das schmale Baugrundstück von hohen Nachbargebäuden überschattet war, gelang es dem Architekten, die Innenräume des Hauses hell und großzügig erscheinen zu lassen. Die Gestaltung der Fassade lehnte er an jene des zweigeschossigen Vorgängerbaus an und übernahm Elemente des benachbarten Brauhauses, wie Backsteinfassade und Auslucht, die er mit spätbarock-klassizistischen und auch zeitgenössischen Formelementen kombinierte. Franz Krüger war bekannt dafür, seine Neubauten so zu gestalten, dass sie sich harmonisch in den Lüneburger Backsteinstil einfügten. 1927 wurde in diesem Haus Niklas Luhmann geboren.

Das „rechte, freie" Bürgerleben sollte sich für den 61-jährigen Heinrich Luhmann nicht vollenden, denn der Krieg durchkreuzte die Pläne der Familie. Deutschland war unter Kaiser Wilhelm II. zu einer Imperialmacht geworden, deren militärische Aufrüstung zu Beginn des Ersten Weltkriegs in einer wahren Kriegseuphorie mündete. Auch die Söhne des Brauunternehmers blieben davon nicht unbeeinflusst: Heinrich, der Juniorbrauer, ließ sich an die Westfront einziehen. Auch Adolf, von Beruf Studienrat, und Hartwig, Jurist, zogen in den Krieg. Wilhelm brach seine Kaufmannsausbildung in Norwegen ab und ging ebenfalls an die Westfront. Karl, der jüngste und noch Schüler, kämpfte ab 1914 an der Ostfront. Am 12. November 1914 fiel Heinrich junior in der ersten Flandernschlacht. Auch Hartwig kam ums Leben. Der Senior, der die Brauerei während der Kriegsjahre aufrechterhalten hatte, starb am 23. März 1918 an einer Lungenerkrankung. Mit seinem Tod endete die kurze Ära der „Braunbier-Brauerei H. Luhmann".

Das Firmenschild der alten Brauerei.

Das Kind

Die Komponenten eines Lebenslaufs bestehen aus Wendepunkten, an denen etwas geschehen ist, was nicht hätte geschehen müssen. Das beginnt mit der Geburt.

Niklas Luhmann 1997a, S. 19.

Neun Jahre nach Ende des Ersten Weltkriegs, am 8. Dezember 1927, wurde Niklas Luhmann geboren.

Sein Vater, Wilhelm Luhmann, hatte nach dem Krieg gemeinsam mit dem jüngsten Bruder Karl die Brauerei übernommen. Seine kaufmännische Laufbahn bei dem renommierten Import-Export-Unternehmen Hudtwalcker, die er in Norwegen begonnen hatte, brach er ab. Wilhelm war kein passionierter Brauer. Gemeinsam mit Karl beschränkte er sich auf die Herstellung von Malzbier, nahm aber einen Bierverlag auf, um die Lüneburger Gaststätten mit Bier und anderen Getränken zu beliefern. Die Verpachtung der eigenen Gastwirtschaft sicherte der Familie weitere Einnahmen. Die Modernisierung des Betriebs, wie sie vor dem Weltkrieg geplant war, verfolgte er nicht weiter. Anders als sein Vater neigte Wilhelm Luhmann mehr dazu, sich ins Private zurückzuziehen. Er galt als bodenständiger, naturverbundener Familienmensch, der gern zur Jagd ging und Bridge spielte.

Niklas' Mutter, Dora Gurtner, entstammte einer weltläufigen Schweizer Hoteliersfamilie aus dem Berner Oberland. Auf einer Städtereise durch Norddeutschland hatte sie in der Eisenbahn Wilhelm Luhmann kennengelernt. Sie war eine aufgeschlossene und kunstinteressierte Frau, die gern malte und fotografierte und sich mit den Lüneburger Lesedamen traf, um Dante zu lesen.

Niklas war ihr ältester Sohn. Sein Bruder Heinrich folgte 1928, Dieter, der jüngste, wurde 1933 geboren. Der Vater legte Wert auf eine liberale Erziehung: Jeder solle nach seiner Fasson selig werden, lautete seine Devise. Züchtigungen lehnte er ab. Waren die Kinder ungezogen, drohte ihnen die Mutter stattdessen: „Ihr kommt in den Kindergarten!" – denn Institutionen wie Schule, Kirche und Staat standen die Eltern misstrauisch gegenüber. Einmal soll Niklas eine Tirade seiner Mutter mit der Bitte unterbrochen haben: „Hör endlich auf zu reden. Gib mir 'ne Ohrfeige, und dann kann ich gehen.“

In den Kindertagen von Niklas Luhmann gab das Hafengebiet ein heterogenes Bild ab. Sozial schwache Familien lebten neben den Familien von Händlern, Handwerkern und Kaufleuten. Die vielen Kinder des Viertels spielten gemeinsam „Siebenschläger“ oder „König vom Viskulenhof“, so erinnern sich seine Brüder. Niklas hatte anderes im Sinn. Er legte Sparbücher für die finanziell benachteiligten Kinder an: 10 Pfennige mussten eingezahlt und sollten gespart werden. Als die Eltern davon erfuhren, gab es „einen riesigen Krach“, da sie dachten, Niklas verwende das Geld für sich selbst, was nicht stimmte.

Die Zäsur des Lesen- und Selbstlernenkönnens revolutioniert die Semantik der Kindheit. [...] Das Medium Kind, wie wir es heute kennen, ist ein Resultat des Buchdrucks und insofern dann auch ein genuin soziales Medium.

Niklas Luhmannn 2006, S. 60f.

Als Niklas Luhmann 1934 eingeschult wurde, konnte er bereits lesen. Die Ärztin Margarete Luhmann, für ihn „Tante Grete“, förderte ihn und versorgte ihn mit Büchern.

Wenngleich ihm das Lernen leicht fiel, ging er nicht gern zur Schule. Schon am Tag der Einschulung war er aus dem Unterricht fortgelaufen – der Lehrer hatte ihn wieder einfangen müssen. Unterstützt von seiner Tante übersprang Niklas die vierte Klasse. Er war erst neun Jahre alt, als er auf das Lüneburger Johanneum wechselte. Seine Brüder berichten, dass er, obwohl der Jüngste in der Klasse, immer ein Stück weiter war als seine Mitschüler. Sein engster Freund war Albert Brakel, dessen Eltern den Bremer Hof in der Lüner Straße besaßen.

Die väterliche Brauerei und die Gastwirtschaft spielten in der Kindheit der Luhmann-Brüder keine große Rolle, der Vater hielt sie bewusst von dem Betrieb fern.

Niklas Luhmann im Jahr 1934.

In das Alltagsleben der Familie drangen die politischen Unruhen der sich auflösenden Weimarer Republik. Im August 1932 wurde im alten Speichergebäude Feuer gelegt. Der Brand wurde rechtzeitig entdeckt und konnte gelöscht werden. Einen Monat später wurde der Speicher erneut in Brand gesteckt, diesmal brannte er lichterloh. Der vierjährige Niklas und sein Bruder Heinrich mussten aus ihrem Kinderzimmer evakuiert werden, es lag Wand an Wand zum Speicher. Auf den Armen des Kindermädchens und des Vaters sahen die beiden Brüder die Flammensäulen emporsteigen. Die häusliche Ordnung war durch eine Katastrophe gestört worden – eine einschneidende Erfahrung für den jungen Niklas Luhmann. Der Brandstifter wurde nie ermittelt. Der Verdacht reichte von den Kommunisten bis zu den Nationalsozialisten.

Das politische Klima der späten Weimarer Republik war auch in Lüneburg von extremistischen Protestbewegungen geprägt. Am 20. Juli 1932 hielt Adolf Hitler vor 22.000 Lüneburgern eine Wahlkampfrede, die sich auch Dora und Wilhelm Luhmann anhörten.

Dem bürgerlichen Mittelstand erschienen die Nationalsozialisten, anders als die gemäßigten Parteien, als wirksames Mittel gegen die im Aufwind befindlichen Kommunisten. Deren Arbeitsbeschaffungsprogramm für Lüneburg aus dem Jahre 1931 enthielt Forderungen wie „Abriss und Wiederaufbau der Stadt" oder „Beschlagnahme des gesamten Vermögens der Lüneburger Einwohner zur Finanzierung des kommunistischen Arbeitsbeschaffungsprogrammes". Hitler, so war die Hoffnung, würde die Ordnung wiederherstellen können, indem er Parlamentarismus und Gewerkschaften zurückdrängt und vor allem die Wirtschaft wieder ankurbelt.

Die Löscharbeiten nach dem Speicherbrand 1932.

Die NSDAP ging aus der Wahl im Juli 1932 mit 37,3 % erstmals als stärkste Partei im Reichstag hervor. In Lüneburg konnte sie sogar 39,2 % der Wählerstimmen erreichen. Trotz seines bürgerlich-liberalen Hintergrundes hatte auch Wilhelm Luhmann für die Nationalsozialisten gestimmt. Erst als er realisierte, dass die NSDAP die „Gleichschaltung" der politischen Instanzen, öffentlichen Institutionen und des gesellschaftlichen Lebens verfolgte, ging er auf Distanz. 1934 trat der ehemalige Frontkämpfer auch aus dem Stahlhelm aus, nachdem ihm dort eine flapsige Bemerkung gegen die Nazis vorgehalten worden war.

Der Soldat

Als Deutschland am 1. September 1939 in Polen den Krieg begann, war Niklas Luhmann elf Jahre alt. Er besuchte die Klasse VI des Lüneburger Johanneums, eine reine Jungenklasse. Die gesamte Schülerschaft gehörte dem Jungvolk und ab dem 14. Lebensjahr der Hitlerjugend an. Zum Flaggenappell sangen die Schüler mit hochgestrecktem Arm das Deutschlandlied.
In den Schulen waren die Schüler der nationalsozialistischen

Ideologisierung ausgesetzt, der Unterricht verbreitete Rassenlehre und Germanentum. Niklas erlebte mit seinen Brüdern, wie Juden in Lüneburg verfolgt wurden: Der Zahnarzt der Familie, Dr. Philips, musste aus Deutschland fliehen. Niklas' Tante Grete half ihm, indem sie sein Haus kaufte und den Geldtransfer über Niklas' Mutter in die Schweiz arrangierte. Nur 200 Meter Luftlinie von Niklas Luhmanns Elternhaus entfernt wurde am 10. November 1938, dem Morgen nach der Reichspogromnacht, die Lüneburger Synagoge am Schifferwall in die Luft gesprengt. Auf ihrem Weg zur Schule liefen die Kinder an den geplünderten Läden der Juden vorbei: die Textilhandlung Schickler, Schuhhaus Behr und Manufakturwaren Less. Sie beobachteten, wie der Pferdehändler Albert Horwitz ängstlich in einer Ecke seines Kontors kauerte.

Bereits der „Röhm-Putsch" im Sommer 1934, bei dem etwa achtzig SA-Funktionäre, Generäle und Oppositionelle als vermeintliche Meuterer hingerichtet worden waren, hatte gezeigt, wie Adolf Hitler mit politischen Gegnern verfuhr. Die Erwachsenen in Niklas Luhmanns Umfeld wurden vorsichtig mit ihren Äußerungen, „man hielt sich möglichst ruhig", erzählen seine Brüder. Zu Kriegsbeginn wurde die Meinungs- und Diskussionsfreiheit weiter eingeschränkt. Wer sich kritisch zum politischen System äußerte oder an der Blitzkriegspropaganda der Regierung zweifelte, wurde vorgeladen, verhört und im schlimmsten Fall als „Volksschädling" zum Tode verurteilt. Auch Wilhelm Luhmann musste sich vor der Polizei rechtfertigen. Er war denunziert worden, als er einen schnellen Sieg gegen die Engländer in Frage stellte.

> *Wir waren im Sommer immer in der Schweiz. Ich kam von da mit allen möglichen Ansichten zurück, die in Deutschland ganz unmöglich waren. Z. B. war ich gegen Franco und war erstaunt, daß alle in Deutschland für Franco waren. Die Lehrer waren entsetzt und bestellten meinen Vater zu sich.*
>
> Niklas Luhmann, Horster 1997, S. 26.

Niklas zog sich, wann immer er konnte, mit seinen Büchern zurück. „Es gab bei uns zu Hause natürlich Bücherschränke, die aber nicht ausreichten"[1], erzählt er in einem Rückblick auf seine Kindheit. Nachschub holte er sich in der Ratsbibliothek oder bei seiner Tante. Besonders interessierten den Heranwachsenden geschichtliche Themen. In der *Deutschen Jugendburg*, einer nationalsozialistischen Jugendzeitschrift, las Niklas von der Ur- und Frühgeschichte des Menschen, von Neandertalern und von Germanen. Doch wie waren da Adam und Eva, Kain und Abel und die biblische Menschheitsgeschichte einzuordnen? Mit solchen und ähnlichen Seins-Fragen begann seine Lesebiographie.

Niklas Luhmann im Jahr 1938.

Am 7. Januar 1943 verfügte Hitler, dass Schüler der Jahrgänge 1926 und 1927 zum Kriegshilfsdienst herangezogen werden. Die Einsätze sollten in der Nähe ihrer Heimatorte erfolgen. Im April wurde die Klasse VI des Lüneburger Johanneums gemustert, der 15-jährige Niklas Luhmann wurde für tauglich befunden. Die Klasse kam auf dem Lüneburger Fliegerhorst, in Rotenburg und in Stade zum Einsatz. Jeden Vormittag wurden die Schüler dort für etwa drei Stunden von ihren Lehrern unterrichtet. Hitlers „gewalttätige, herrische, unerschrockene, grausame Jugend", der „das herrliche Raubtier" aus den „Augen blitzen muss"[2], wurde auf die Front vorbereitet.

Damit hatte der Krieg endgültig Einzug erhalten in die Kindheit Niklas Luhmanns. Herrenmenschen-Denken, Judenhass, Denunziationen, Todesnachrichten waren Alltag geworden. Seine Schule war im August zum Lazarett umfunktioniert worden. Im September 1944 musste Niklas den Freitod seiner Tante verkraften. Ein paar Tage später wurde seine Klasse in den Reichsarbeitsdienst entlassen, wo die Siebzehnjährigen – Niklas war erst sechzehn – eine vormilitärische Ausbildung bekamen.

Im Januar 1945 erfolgte die Einberufung zur Wehrmacht, die Schüler wurden an die Front versetzt. In Heilbronn kam Niklas als Melder zum Einsatz, der im Häuserkampf Befehle weiterzugeben hatte. Während er auf Rundgang war, wurde seine Einheit von den Amerikanern aufgerieben. Bei seiner Rückkehr fand er von seinen Kameraden nur noch Blutspuren.

Unsere Gymnasialklasse ist 1945 noch zur Wehrmacht einberufen worden. Ich stand mit meinem Banknachbarn an einer Brücke, zwei Panzerfäuste in vier Händen. Dann machte es Zisch, ich drehte mich um, da war kein Freund und keine Leiche, da war nichts. Seitdem denke ich Kontingenz.
Niklas Luhmann, Pfohlmann 2000, o. S.

Niklas ergab sich den Amerikanern. Er war enttäuscht, dass die Befreier die deutschen Kriegsgefangenen nicht entsprechend den völkerrechtlichen Konventionen behandelten: Sie schlugen ihn ins Gesicht, nahmen ihm seine Armbanduhr ab.

Niklas' Vater, der wegen des Brauereibetriebs seit Sommer 1940 für den Kriegsdienst unabkömmlich gestellt war, wurde im Herbst 1944 zum Volkssturm eingezogen. Man ernannte Wilhelm Luhmann aufgrund seines Einsatzes im Ersten Weltkrieg zum Bataillonsadjutanten. Das Lüneburger Volkssturmbataillon wurde im Januar 1945 von Reichsverteidigungskommissar Otto Telschow auf dem Lüneburger Westbahnhof für den Einsatz im polnischen Küstrin an der Oder verabschiedet. Es war die vorletzte große Schlacht der Wehrmacht gegen die Rote Armee. Sie brachte der russischen und der deutschen Seite jeweils über 5.000 Tote. Der Vater Niklas Luhmanns war unter den Überlebenden.

Ich hatte eigentlich schon früher mitgekriegt, daß der Krieg verloren geht. Und dann ist die Frage, bleiben die Nazis oder bleiben sie nicht? Muß man sich in allem, was Biographie angeht, auf Fortdauer des Nazi-Regimes einstellen oder nicht? Schon weil man z. B. in die Partei eintreten mußte, um studieren zu können [...] Es ist ja so, man rechnet natürlich damit, daß das Regime wechselt. Aber kann man sicher sein?
Niklas Luhmann 1997, o. S.

Der Beamte

Wegen Minderjährigkeit wurde Niklas Luhmann im September 1945 vorzeitig aus der Kriegsgefangenschaft entlassen. Sein Bruder Dieter erinnert sich: „Da kam er durch den Hof, und das erste, was er fragte: Wie geht es Vater? Und Vater war am Sande zur Getreidegesellschaft, da trafen sich die Kaufleute, und da bin ich dann hingerast."
Lüneburg war von Bombenangriffen weitgehend verschont geblieben. Nun trafen tausende Flüchtlinge aus den Ostgebieten und dem stark zerstörten Hamburg ein. Auf Anordnung der Stadtverwaltung war der verfügbare Wohnraum aufzuteilen, als Richtwert wurden vier Quadratmeter pro Person festgelegt. Das Luhmann'sche Wohnhaus teilten sich vier Familien. Für Niklas wurde ein Bett in der Wohnstube aufgestellt. Er hatte über seine Zukunft nachzudenken. Als Kind wollte er einmal Tischler werden, doch dann hatte er die Welt der Bücher und des Wissens entdeckt. Das Brauhandwerk war für ihn keine Option, zumal von Anfang an der zweitgeborene Heinrich als Nachfolger für die Brauerei vorgesehen war. „Du setzt dich ja ins gemachte Nest!", soll Niklas ihm hin und wieder vorgeworfen haben. Heinrich machte nach dem Abitur tatsächlich eine Brauerausbildung, da der Vater die Brauerei wieder in Betrieb nehmen wollte. Doch die Konkurrenz der Lüneburger und Hamburger Brauunternehmen war groß, und so führte er nach dem Krieg nur noch den Bierverlag und die Mälzerei weiter.

Um die Hochschulreife zu erlangen, belegte Niklas von Oktober 1945 bis April 1946 einen sogenannten Übergangskurs am Johanneum. Er wurde in Deutsch, Latein und Griechisch geprüft. An der Universität wollte sich der 18-Jährige vor allem mit Fragen des Völkerrechts auseinandersetzen: „Mich interessierte das Recht als Ordnungsfaktor, vielleicht aus dem Erleben von Rechtsverletzungen der verschiedensten Art. Auch im Verhältnis zu meinen Geschwistern war das Recht ein wichtiger Faktor als Basis für Tausch, Verhandlungen, Leihe."[3] Die Zusage für ein Studium erhielt er von der Fakultät der Rechtswissenschaften in Freiburg. Es war die Universität von Husserl und Heidegger.

Im Mai 1946 zog Niklas Luhmann nach Freiburg. Die Gebäude der Universität waren zu 80 % zerstört, so dass die Studenten für den Wiederaufbau herangezogen wurden. Wie überall war die Versorgungssituation prekär. Für Niklas Luhmann besserte sie sich, als er den Jurastudenten Friedrich Rudolf Hohl kennenlernte. Dieser hatte Bekannte auf einem Gut und versorgte ihn mit Gemüse und Obst. Hohl war im Zweiten Weltkrieg Offizier und seine Familie im Widerstand aktiv gewesen. Niklas nannte den Älteren „Brüder Hohl". Zwischen ihnen entstand eine lebenslange Freundschaft.
Niklas' Studium konzentrierte sich auf Begriffe und Konstruktionen der europäischen Rechtskultur und den Vergleich des römischen mit dem griechischen Recht. Sein Studium absolvierte er in kürzester Zeit, zumal er Mühe hatte, sein Zimmer zu finanzieren. Nach nur drei Jahren legte er das Erste Staatsexamen ab und kehrte im August 1949 nach Lüneburg zurück.
Dort musste Niklas gelegentlich in der Mälzerei aushelfen. Heinrich Luhmann bringt es noch heute zum Schmunzeln, wie wenig sein Bruder von dem Handwerk verstand: „Vater ging abends auf Kundschaft, und Niklas musste die Darre bedienen. Unten wurde der Motor angestellt, dann musste er nach oben gehen, den Wender einstellen, der das Malz umschaufelt, damit es nicht anbrannte, und dann wieder runter, den Motor abstellen. Und Niklas lief immer hin und her. Da hat er sich gesagt, das ist Irrsinn, das mache ich anders!" Er berechnete, wie lange der Wender braucht, um einmal über das Malz zu laufen, und stellte von unten den Motor in diesen Abständen ein. „Aber der Wender hat geklemmt. Und dann? Niklas dachte, er hätte jetzt ein Patent, dabei war oben alles angebrannt. Das gab ein Theater!"
Seine Referendarzeit absolvierte Niklas Luhmann in einer Lüneburger Anwaltskanzlei, am Amtsgericht Lüneburg und am Oberverwaltungsgericht Celle. Vollgültiger Jurist wurde er mit dem Zweiten Staatsexamen, das er 1953 ablegte.

Niklas Luhmann bei der Arbeit mit seinem Zettelkasten
in seinem Arbeitszimmer in Oerlinghausen.

Während dieser Zeit begann er seinen Zettelkasten aufzubauen. Er notierte Gedanken, die ihm während der Lektüre philosophischer und soziologischer, auch kulturanthropologischer und ethnologischer Literatur kamen. Die Zettel versah er mit einer Nummer und mit Verweisen auf andere Zettel. Auf dem allerersten Zettel hielt er fest: „Es muss versucht werden, Methoden und Begriffe so klar wie möglich zu explizieren, damit ihre Unzulänglichkeit und Unvollkommenheit deutlich wird."[4]
Sein ausgeprägtes wissenschaftliches Interesse war jedoch nicht an die Universität geknüpft. Zwar bereitete er nach dem Staatsexamen bei dem Freiburger Professor für Völkerrecht Wilhelm Grewe eine Dissertation über politische Beratungsorgane vor, doch verwarf er diesen Plan, als sein Professor von der Wissenschaft in die Politik wechselte. Die Option einer universitären Karriere sei ihm wenig attraktiv erschienen, sagte er später, da sie eine inhaltliche Festlegung erfordert hätte. „Unter Universität habe ich mir nur etwas Kleines vorgestellt, etwas, das sich ständig wiederholt."[5] Als mögliches Berufsziel schwebte ihm die Stelle des Syndikus bei der Lufthansa vor. Sein Freund Hohl hatte ihm den Kontakt zu Otto John vermittelt, der von 1937 bis 1944 diese Position innehatte. Doch 1954 verschwand John auf kuriose Wei-

se nach Ost-Berlin, so dass sich auch die Lufthansa-Pläne für Niklas Luhmann zerschlugen.

Nach einer kurzen Auszeit entschied sich der assessor iuris für eine Laufbahn als Verwaltungsjurist. Ein Bekannter konnte ihm eine Assistentenstelle am Lüneburger Oberverwaltungsgericht vermitteln. Während er die verschiedenen Senate durchlief, gelang es ihm, ein Register auszuklügeln, mit dem sich unveröffentlichte Gerichtsentscheide zwecks Revision nachschlagen ließen. Es dauerte nicht lange, da öffnete sich ihm die Tür für einen Karrieresprung in die Landeshauptstadt Hannover. Im niedersächsischen Landtag hatte es 1955 einen Regierungswechsel gegeben: CDU und Deutsche Volkspartei lösten die SPD ab. Die neue Regierung forderte aus Lüneburg einen Verwaltungsrichter an, der die zurückliegenden Entscheidungen der SPD überprüfen sollte. Da in Lüneburg kein Richter entbehrlich war, schickte man den Verwaltungsassistenten Luhmann. In Hannover stieß Luhmann auf zahlreiche Wiedergutmachungsprozesse, die die SPD abschlägig beschieden hatte. Nach Ablauf von drei Monaten wurde er zum Staatssekretär gerufen: Dieser bot ihm an, ein eigenes Referat zur Wiedergutmachung von Nazi-Unrecht aufzubauen. Bei dieser Arbeit ging es Luhmann weniger um die Feststellung individuellen Fehlverhaltens, vielmehr interessierte ihn die rechtsstaatliche Auseinandersetzung, über die eine Neugestaltung politischer Demokratie möglich war.
Als Landtagsreferent ergaben sich für ihn zunehmend politische Tätigkeitsfelder; er bereitete Kabinettsitzungen, Landtagsausschüsse und Kultusministerkonferenzen vor. Er erhielt mehr und mehr Verantwortung, nur die Beförderung zum Oberregierungsrat schien ein Problem. Offenbar fehlte ihm der Einsatz in einem Landkreis. Alternativ hätte er seine Karriere über einen Parteieintritt vorantreiben können. Seine Bemerkung, „man ist ja dann sehr leicht in der falschen Partei, wenn es sich wieder ändert“[6], verrät, wie schwer er sich mit einer Zugehörigkeit zu einem ideologischen Gerüst getan hat. Hintergründe dieser Bemerkung dürften der damalige Regierungswechsel in Hannover und seine Erfahrungen

in der NS-Zeit gewesen sein. Wie viele seiner Altersgenossen soll Luhmann – nach einer Veröffentlichung des Spiegels 2007 – als Jugendlicher der NSDAP beigetreten sein. Sicher ist, dass er sich als Erwachsener einen Ort suchte, der von politischer Einflussnahme möglichst frei war. Die Wissenschaft sollte für ihn dieser Ort werden.

Während die Beförderung auf sich warten ließ, wurde er im Kultusministerium auf eine Ausschreibung für ein Fellowship-Stipendium an der Bostoner Harvard-Universität aufmerksam. Ein bezahltes Stipendium für Harvard muss für ihn eine Verlockung gewesen sein. Dass Luhmann selbst für die Vergabe der Förderung zuständig war, machte die Sache für ihn einfach: „Und dann habe ich mich gleich selbst beworben und wurde auch genommen.“[7]

Bevor Luhmann in die USA ging, verheiratete er sich 1960 mit der Goldschmiedin Ursula von Walter, die er über die Familie seines Freundes Hohl kennengelernt hatte. Die Trauung fand in Lüneburg statt. Seine Frau begleitete ihn nach Boston, wo 1961 die gemeinsame Tochter Veronika zur Welt kam.

Die Schule für öffentliche Verwaltung des Littauer-Centers lag auf dem Campus der Harvard Universität. Hier beschäftigte sich Luhmann für die Dauer eines Jahres mit der Ausarbeitung einer Organisationstheorie. Den empirischen Hintergrund bildeten unter anderem seine Erfahrungen am Ministerium, die allerlei Fragen aufgeworfen hatten. Sind Organisationen wirklich „unpersönlich“? Und sind sie – wie es damals vorherrschende Lehrmeinung war – tatsächlich auf Ziele hin orientiert? Oder richten sich Organisationen nicht vielmehr nach Funktionen aus?

Es war ein glücklicher und entscheidender Zufall, dass an der Harvard University der Soziologe Talcott Parsons lehrte, der der soziologischen Systemtheorie in den 1950er Jahren den Weg bereitet hatte. Parsons war damals *die* soziologische Instanz Nordamerikas. Seine Arbeit war vor allem eine philosophisch-begriffliche. Zwischen ihm und dem deutschen Stipendiaten entwickelte sich ein lebhafter Austausch über den Funktionsbegriff. Parsons

soll Luhmanns Gedanken immer wieder mit dem Satz „It fits quite nicely“[8] kommentiert und in seine Theorie eingebunden haben. Neben Luhmanns Interesse an der Systemtheorie hatte diese Begegnung auch seine Faszination für komplexe Theoriearchitekturen angestachelt.
Nach Harvard pausierte Niklas Luhmann für einige Monate und reiste durch Europa. So früh er seinen Juraabschluss gemacht hatte – für eine Karriere in der Wissenschaft war der 34-Jährige verhältnismäßig spät dran. Dennoch war die Entscheidung für die Wissenschaft gefallen. Zunächst kehrte Luhmann an das Kultusministerium zurück, doch nur, um die passende Gelegenheit für einen Wechsel abzuwarten.

Der Wissenschaftler

Die Möglichkeit für den Absprung bot sich Niklas Luhmann 1962, als an die Hochschule für Verwaltungswissenschaften in Speyer ein Forschungsinstitut angegliedert wurde. Hier konnte er sich ganz der Wissenschaft widmen, ohne seinen Status als Oberregierungsrat, den man ihm schließlich doch zuerkannt hatte, aufgeben zu müssen. In Speyer beschäftigte sich Luhmann mit Fragen der Verwaltungsstruktur und des Verfassungsrechts und veröffentlichte hierüber eine Reihe von Forschungsarbeiten. Unter diesen ersten Publikationen stach das in Harvard begonnene Werk *Funktionen und Folgen formaler Organisation* hervor. Luhmann formulierte darin eine Organisationstheorie, die sich an Sozialwissenschaftler wie Verwaltungspraktiker gleichermaßen richtete. Während der Zeit in Speyer brachte seine Frau zwei Söhne zur Welt: 1963 wurde Jörg und 1965 Clemens Luhmann geboren.

Gegenüber vis-à-vis, wohnt der Terrier Bel Ami
den man töricht Foxi nennt, da man seine Art verkennt.
Niklas Luhmann liebte es, sich bei Spaziergängen mit seinen Kindern Gedichte à la Wilhelm Busch auszudenken.

Die Professoren Niklas Luhmann, Helmut Schelsky und Dietrich Storbeck bei der Fakultätskonferenz der Soziologen an der Universität Bielefeld am 17. November 1969.

Im Wintersemester 1964/65 erhielt Niklas Luhmann die Einladung zu einem Vortrag an die Sozialforschungsstelle in Dortmund, dem Vorzeige-Institut für empirische Forschungen. Der Soziologe Helmut Schelsky, Leiter der Forschungsstelle und selbst Institutionstheoretiker, erkannte Luhmanns Begabung und versuchte ihn für die Gründung einer ostwestfälischen Universität – die dann „Bielefeld" wurde – zu gewinnen. Luhmann war zwar an Forschung, nicht aber am universitären Lehrbetrieb interessiert. Er erzählte Schelsky von seinen theoretischen Ambitionen. Dieser entgegnete ihm, dass sich so etwas nur an einer Universität umsetzen lasse.

Nach einer Bedenkzeit ging Luhmann schließlich auf Schelskys Angebot ein und wurde zunächst Abteilungsleiter der Dortmunder Sozialforschungsstelle, die der Universität Münster angeschlossen war. In diesem „fröhlichen Wissenschaftskloster", wie die Forschungsstelle genannt wurde, wurden die Angestellten bekocht und konnten, wenn es spät wurde, auf einem Klappbett übernachten. Dortmund schien eine gute Vorbereitung für die anstehende Professur in Bielefeld zu sein – so bekam der Oberregierungsrat die Gelegenheit, erstmals Vorlesungen zu halten. Seine in Speyer publizierte Organisationstheorie wurde zum Gegenstand der Doktorarbeit gemacht. So konnte Luhmann 1966 binnen eines einzigen Jahres Promotion und Habilitation abschließen, letztere zu dem Thema *Recht und Automation in der öffentlichen Verwaltung*.

Nebenbei studierte Luhmann ein Semester Soziologie. Diese verhältnismäßig junge Wissenschaftsdisziplin hatte sich mit der europäischen bürgerlichen Gesellschaft des 19. Jahrhunderts herausgebildet und versprach insofern Antworten auf Fragen, die sich Luhmann auch aus seiner Biografie heraus gestellt haben dürften, Überlegungen wie: „Früher war man in der Gesellschaft geborgen und aufgehoben und hatte seinen Platz, einen guten oder schlechten. Und das ist jetzt vorbei."[9]

Unter dem Titel *Soziologische Aufklärung* hatte Luhmann noch in Münster seine Antrittsvorlesung gehalten und darin sein wissenschaftliches Credo formuliert: Aufklärung in der modernen Gesellschaft könne nicht mehr auf eine „gemeinsame Vernunft" und „die Herstellbarkeit richtiger Zustände" gerichtet sein. Im Gegenteil käme es heute darauf an, „sozial bedingte Verschiedenheiten der ‚Weltanschauungen'" anzuerkennen und unter dieser Prämisse die „komplizierten, kausalen und wertmäßigen Verflechtungen allen Handelns" zu erforschen.[10] Luhmann betrachtete das totalitäre Prinzip der Moderne als gescheitert und konstatierte ein Nebeneinander von Verschiedenem. Statt der emphatischen Forderung „Nie wieder Auschwitz!" stellte Luhmann die sachliche Frage: In welcher Form könnte Auschwitz wieder passieren?

Luhmanns Antrittsvorlesung in Münster hatte sich bis nach Frankfurt herumgesprochen. Noch vor der Eröffnung der Bielefelder Universität erhielt Luhmann im Winter 1968 das Angebot, den Frankfurter Lehrstuhl Theodor W. Adornos zu vertreten. Die Studenten in der Hochphase ihres antikapitalistischen Aufbegehrens zeigten sich nicht uninteressiert an Luhmanns Systemtheorie. Sie baten ihren Soziologieprofessor Jürgen Habermas, zu Luhmann Stellung zu nehmen. Habermas, eine wichtige Figur für die linke Studentenbewegung, setzte sich mit Luhmann auseinander – und erkannte ihn als Kontrahenten. In seinen Augen war der Verwaltungswissenschaftler ein „Sozialtechnokrat", der den status quo bestätigen wollte. Diesen Angriff nahm Luhmann sportlich und konterte, dass er die Frankfurter Schule und ihre sich auf Marx berufende Ideologiekritik einem alteuropäischen Moralkonservatismus verhaftet sehe. Habermas' kritisch-ablehnende Grundhaltung ermögliche alles, nur keinen Erkenntnisgewinn. Luhmann und Habermas verstanden es, ihren Disput zu intensivieren und fruchtbar zu machen: Er wurde unter dem Titel *Theorie der Gesellschaft oder Sozialtechnologie* als Buch herausgebracht. Ihre Rivalität pflegten Luhmann und Habermas zeit ihres Forscherlebens mittels ironischer Seitenhiebe und gleichzeitiger Respektsbezeugungen, die ihren körperlichen Ausdruck in gelegentlich ausgefochtenen Tischtennismatches fand. Luhmann-Schüler Dirk Baecker nennt diese Phase seines Lehrers in den 1970er Jahren die „Suche nach Streit"[11].

Die von Helmut Schelsky gegründete Bielefelder Universität verfolgte als Reform-Uni einen interdisziplinären Ansatz. Sie nahm ihren Lehrbetrieb im November 1969 auf. Niklas Luhmann hatte von Anfang an nur ein Ziel vor Augen: Die Gesellschaft als Ganzes zu beschreiben. Sein legendärer Projektantrag für Bielefeld lautete: „Forschungsvorhaben: Theorie der Gesellschaft; Laufzeit: 30 Jahre; Kosten: keine."[12]

Luhmanns Theorieversuch zielte auf eine erkenntnistheoretische Systematisierung in der Tradition von Kant und Hegel ab. Doch anders als seine Vordenker beschrieb er das „System Gesellschaft" als etwas Offenes. Identitätsstiftend sei nicht mehr die Einheit, sondern die Differenz. Die Welt als geschlossene Einheit aufzufassen, sei ein Paradigma, das für das 20. Jahrhundert nicht mehr brauchbar wäre.

Grundlegend für seine Theorie war die Betrachtung der Gesellschaft als System. Angeregt wurde er dabei von der Allgemeinen Systemtheorie des Biologen Ludwig von Bertalanffy. Dieser hatte biologische, physikalische und soziale Systeme als eigenständige, komplexe, sich selbst erhaltende Zusammenhänge beschrieben. Neben dem systemtheoretischen Grundgerüst setzte Luhmann seine Theoriearchitektur aus Bausteinen der Logik, der Neurobiologie, der Evolutionstheorie, der Kommunikationstheorie und der in den 1950er Jahren aufgekommenen Kybernetik zusammen. Geistes- wie Naturwissenschaften wurden nach geeignetem Material, also Begriffen für die Beschreibung der modernen Gesellschaft durchsucht. Luhmann definierte um, verwarf alte und fand neue Bezeichnungen. „Handlung" ersetzte er durch „Kommunikation", „Subjekt" durch „Beobachter", und als Inbegriff des Differenz-Denkens führte er den Terminus „Unterscheidung" ein. Diesen entdeckte er bei dem Logiker George Spencer Brown, in dessen Werk *Laws of Form*. Jeder Beobachter isoliert das Beobachtete mit Hilfe von Unterscheidungen. Beschäftige ich mich zum Beispiel mit Niklas Luhmann, so kann ich ihn als Lüneburger von allen anderen Lüneburgern unterscheiden. Um ihn als Wissenschaftler zu beobachten, brauche ich eine zweite Unterscheidung. Wichtig ist, dass im Moment der Unterscheidung der eigene Standpunkt nicht beobachtet und damit auch nicht hinterfragt werden kann, er ist ein blinder

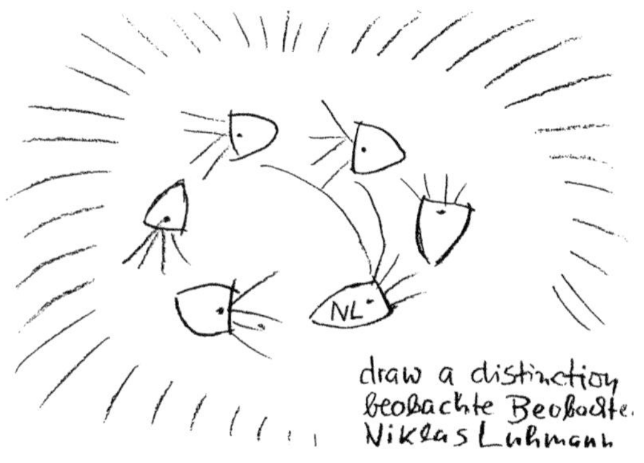

Fleck. „Ich sehe also nicht, was ich nicht sehe“[13], pflegte Luhmann zu sagen. Diese Denkfigur hat nicht zuletzt einen weltanschaulichen Aspekt: Es gibt viele Möglichkeiten zu beobachten, bessere und schlechtere – aber es gibt keine richtige. Sicherlich ist es der Radikalität dieses Ansatzes geschuldet, dass er die Rezipienten bis heute entweder anzieht oder abstößt.
Luhmanns Programm war es, aus Gemeinsamkeiten und Unterschieden die jeweilige Charakteristik eines gesellschaftlichen Systems abzuleiten, mittels einer sauberen, möglichst widerspruchsfreien Theorie. Ist die Theorie „falsch“, so Luhmann, dann ist sie „wenigstens richtig falsch“[14]. Luhmann hegte weder Wahrheits- noch Weltverbesserungsansprüche, seine Haltung war wertungsfrei.

> *Eine Vorstellung, wie die Gesellschaft gut oder auch nur besser sein könnte, habe ich gar nicht. Ich finde, dass unsere Gesellschaft mehr positive und mehr negative Eigenschaften hat als jede frühere Gesellschaft zuvor. Es ist heute also zugleich besser und schlechter.*
>
> Niklas Luhmann 1987, S. 139.

Luhmann ließ fast die Hälfte seiner Projektzeit verstreichen, bis er das „Einleitungskapitel“ seiner Gesellschaftstheorie herausbrachte: *Soziale Systeme.* Alles, was er vorher geschrieben hatte, bezeichnete er als Nullserie. Das 674 Seiten starke Buch will nicht weniger als die gesamte Gesellschaft erfassen: Die Theorie erhebt den Anspruch auf Universalität.

Das Werk sorgte mit seinem Erscheinen 1984 für einigen Aufruhr, denn Luhmann hatte ein soziologisches Sakrileg begangen: Er hatte den Menschen aus der Gesellschaft extrahiert. Gesellschaft war nicht mehr eine Ansammlung von Menschen, sondern Gesellschaft war Kommunikation. Luhmann verdeutlichte dies seinen Studenten in einer Vorlesung: „Der Mensch gehört zur Umwelt der Gesellschaft. ... Was nicht als Kommunikation realisiert wird, wird nicht als Gesellschaft realisiert. ... Und wenn Sie sich das genau überlegen, bin ich mir fast sicher, dass Sie sich außerhalb der Gesellschaft wohler fühlen als innerhalb.“[15]
Luhmanns Versuch, die komplexe Gesellschaft in eine über-

schaubare Ordnung zu bringen, ließ die Wissenschaftswelt einerseits aufhorchen. Andererseits stieß man sich an seinem scheinbar unbeteiligten Blick auf Gesellschaft. Die verheerenden Folgen der Rassentheorie und der Atombombe hatten das Bedürfnis nach einem Ethos der Wissenschaft wachgerufen. Und da kam Luhmann und erklärte, dass Ethik in der Gesellschaftstheorie nichts verloren habe: „Moral wird zum Störfaktor, jedenfalls zu einer Attitüde, die nicht ohne Mißtrauen beobachtet und in Schranken gehalten werden sollte.“[16] Die Verantwortung des Wissenschaftlers sah Luhmann ausschließlich in der Gewissenhaftigkeit seiner Forschung, nicht aber in deren Folgen.

Aus dem Vorwurf, Luhmann sei ein Antihumanist, entstand ein Streitgespräch über die Rolle des Intellektuellen, das im November 1987 im Deutschlandfunk geführt wurde. Luhmann sah den Intellektuellen ausdrücklich nicht als jemanden, der moralisch Stellung bezieht, indem er bestimmte politische Programme befürwortet und von anderen abrät. Der Intellektuelle war in seinen Augen jemand, der „Verschiedenes miteinander vergleicht“ und das Gemeinsame an unterschiedlichen Positionen herausstellt: „Und wenn diese Fähigkeit kultiviert wird, würde ich das für wichtiger halten zur Bezeichnung von Intellektualität als die Wertorientierung.“[17]
Luhmann schlug hier als Soziologe eine Neuformulierung der Rolle des Intellektuellen vor, mit der er sich selbst identifizieren konnte. Diese Rolle nahm er insofern an, als er die Ergebnisse seiner Forschungen der Politik, den Pädagogen und sogar der Ökobewegung zur Verfügung stellte. Anstatt sich Gesellschaft, wie er sagte, „mit Kritik vom Leibe zu halten“[18], erforschte er ihre strukturellen Probleme.

Die Möglichkeit des Zusammenbruchs eines monetär aufgeblähten Wirtschaftssystems, für die es keine Kompensation gibt, halte ich für ein außerordentlich drängendes Problem, angesichts dessen ich das Plärren gegen den Kapitalismus als unangemessen betrachte.

Niklas Luhmann 1987, S. 154.

Wenngleich seine Theorie kontrovers diskutiert wurde, nahmen mehr und mehr Sozialforscher auf sie Bezug. Eine offizielle Anerkennung seiner Leistung wurde Luhmann 1988 zuteil, als er von der Internationalen Hegel-Gesellschaft mit dem Hegel-Preis ausgezeichnet wurde – einem Preis, mit dem jedes dritte Jahr eine Persönlichkeit geehrt wird, die sich um die Entwicklung der Geisteswissenschaften verdient gemacht hat. In der Laudatio wurde Luhmann als „radikaler Denker" in der Musil'schen Haltung eines „Mannes ohne Eigenschaften", mit dem Anspruch, „das Ganze zu denken"[19], charakterisiert.

Mehr als in deutschen Hörsälen war Luhmann auf internationalen Podien zu Gast. Die Einladungen führten ihn von Bologna, Paris und London bis nach Chile, Japan und Mexiko. Er war ein begehrter und guter Redner, der seine Vorträge auch in englischer und französischer Sprache hielt. Er hielt sie frei, mit Hilfe nur weniger Notizen. Luhmanns Reden zeichneten sich aus durch eine ihn nie verlassende höfliche Distanz, durch das Begreiflichmachenwollen mit noch einmal anderen Worten, durch das gelegentliche Abschweifen in unerreichbare Tiefen, durch die für ihn typischen ironischen Kommentare und durch die erwartungsgemäße Watsche für Jürgen Habermas.

Der Mensch Niklas Luhmann galt vielen als unnahbar. Ende der 1970er Jahre hatte er die beiden wichtigsten Menschen in seinem Leben verloren: 1977 starb seine Frau und zwei Jahre später sein Freund Hohl. Brüder Hohl war Luhmanns Alter Ego gewesen: derjenige, der seine Manuskripte gegengelesen und der Gedichte geschrieben hatte, durch die er die Systemtheorie noch einmal in poetischer Sprache ausdrücken wollte.

Alles zum Abgrund
laufen lassen
dagegen auf - lehnen
stemmen ? ohne
Kraft ?
Genau beobachten
Gedicht aus dem Nachlass von Friedrich Rudolf Hohl.

Luhmann wohnte mit seinen drei Kindern in dem Bielefelder Vorort Oerlinghausen, wo die Familie 1973 ein Haus gekauft hatte. Eine Haushaltshilfe kochte für sie. „Meine Kinder sind ein wesentlicher Teil meines Lebens. Mit ihnen und der ganzen Jugendkultur um sie herum lebe ich hier zusammen. Aber die Menschen meines Alters, die ich gern hatte, die habe ich verloren, die sind schwer zu ersetzen."[20] Um so wichtiger wurde ihm die Familie. Mehrmals im Jahr kehrte er nach Lüneburg zurück, um sich mit seinen beiden Brüdern zu treffen.

Mit seinen Kindern machte er Reisen nach Südamerika und Russland, häufig auch nach Italien. Er öffnete sich ihren Lebenswelten immer auch mit der Neugier des Soziologen, bis hin zur *teilnehmenden Beobachtung* von LSD-Trips. Jedes mögliche Thema, auch die zweifelhafte Existenz von Engeln, floss in seine universale Beschreibung von Gesellschaft.

> *Er scheute die Öffentlichkeit, führte wenig soziales Leben und war am liebsten alleine und mit seiner Wissenschaft beschäftigt. Hatte für uns Kinder aber immer ein Ohr, wenn wir irgendwelche Fragen oder Bedürfnisse hatten. Dann hat er kurz seine Arbeit beiseite gelegt und sich Zeit genommen.*
>
> Clemens Luhmann über seinen Vater.

Als ihm die Projektzeit von dreißig Jahren davonzulaufen drohte, reduzierte Niklas Luhmann seine Reisen auf das Nötigste und konzentrierte sich auf die Vervollständigung seiner Theorie. 1988 erschien mit dem Buch *Die Wirtschaft der Gesellschaft* der erste von insgesamt zehn Bänden über die einzelnen Funktionssysteme der Gesellschaft. Dieser und die folgenden Teile über die Wissenschaft (1990), das Recht (1993), die Massenmedien (1995) und die Kunst (1997) enthielten, jedes nach demselben Schema, eine Analyse der historischen Entwicklung des jeweiligen Systems, seiner Funktionsweise sowie seiner strukturellen Eigenheiten und Probleme. Nicht zuletzt geben diese Bände ein eindrückliches Zeugnis von der überragenden Kenntnis des Autors in den unterschiedlichsten gesellschaftlichen Bereichen.

Das einzige, was mir wirklich ein Ärgernis ist, das ist dieser Mangel an Zeit. Ich weiß nicht, ob es eine Utopie ist, unbegrenzt Zeit zu haben. Ich könnte mir also vorstellen, daß für mich der Tag 30 Stunden hat, für die anderen dagegen nur 24. Die anderen müßten dann immer schon schlafen, während ich noch alles mögliche tue.

Niklas Luhmann 1987, S. 139.

Am 9. Februar 1993 wurde Professor Luhmann in seinem 65. Lebensjahr emeritiert. Seine Abschiedsvorlesung vor überfülltem Auditorium trug den Titel: „Was ist der Fall?“ und „Was steckt dahinter?“ – zwei Fragen, die Luhmanns Theoriearbeit auf den Punkt bringen.

Das Schlusskapitel seiner Theorie, *Die Gesellschaft der Gesellschaft*, musste vorgezogen werden, als eine schwere Erkrankung den Soziologen mehr und mehr schwächte. Als er sein Werk in den Händen hielt, war er vom Tod bereits gezeichnet. Wenige Wochen vor seinem 71. Geburtstag starb Niklas Luhmann am 6. November 1998 in Oerlinghausen. Die Bände zur Politik, zur Religion, zum Erziehungssystem und zur Moral erschienen posthum.

Niklas Luhmann bei seiner Abschiedsvorlesung am 9. Februar 1993 im Audimax der Universität Bielefeld.

Das Trojanische Pferd

Die Theorie wirkt dann, politisch, als Trojanisches Pferd.
Niklas Luhmann 1987, S. 124.

Ein gutes Jahrzehnt ist seit dem Tod Niklas Luhmanns vergangen. Luhmanns Wirkung ist immens. In der Soziologie ist seine Theorie der *Sozialen Systeme* zu einem Grundlagenwerk geworden. Kaum eine andere Wissenschaftsdisziplin kann Luhmanns Theorie heute noch umgehen; von besonderer Bedeutung ist sie für die Erziehungswissenschaften, die Rechtswissenschaften, für die therapeutische Psychologie, die Film- und die Literaturtheorie. Es gibt etliche Versuche, die gesamte Theorie in ein anderes Fach zu übertragen, was bisher weithin fehlgeschlagen ist. Vielmehr sind es einzelne Theoriefiguren wie das systemische Denken, der „blinde Fleck“ oder Luhmanns auf Unterscheidung und

Das alte Brauhaus im Jahr 2010.

Anschlussfähigkeit gerichteter Kommunikationsbegriff, die das Denken in der Wissenschaft und der praktischen Forschung nachhaltig verändert haben.
Doch Luhmann wirkt auch weit hinein in die gesellschaftliche Praxis. In den Zeitungen fallen immer häufiger systemtheoretische Begrifflichkeiten auf: Journalisten beobachten mit Hilfe von Unterscheidungen oder sprechen von Selbstreflexivität, von gesellschaftlichen Subsystemen und ihren jeweiligen Codierungen. Die Beschreibung der Gegenwart in den Medien ist darüber ein ganzes Stück sachlicher geworden.
Das Frankfurter *Theater am Turm* hatte schon 1999 versucht, Brechts Modelltheater und Luhmanns affirmativen Beobachter zusammenzubringen. Inzwischen schleust die Gruppe *Rimini Protokolle* Theaterbesucher in die Jahreshauptversammlung der *Daimler Benz AG*, damit sie in der Rolle des Anlegers die strukturellen Merkwürdigkeiten des jährlichen Vorstands-Theaters beobachten können. Längst hat die Kunst den Begriff des *Re-Entry* aufgenommen, der hier die Mitbetrachtung der Umwelt des Kunstwerks bezeichnet.
Und noch Luhmanns einziger Weltverbesserungsvorschlag von 1985 – „man müßte die Denkstruktur des Ostens und des Westens harmonisieren [...] in der Weise, daß die Ideenwelt des Marxismus, die verbraucht ist, ebenso abgelöst wird wie die Ideenwelt des Liberalismus, die ebenso verbraucht ist. Wir leben heute eigentlich noch aus Kontroversen des 19. Jahrhunderts“[21] –, dieser Vorschlag findet sich heute überraschend als Verfassungs-Utopie im Think Tank des Großunternehmers Nicolas Berggruen wieder.

Wer heute nach Lüneburg reist und sich nach Hinweisen auf Niklas Luhmann umsieht, wird ihn nicht leicht als Sohn der Stadt identifizieren können. Im alten Brauhaus, dem heutigen PONS, hängt ein verblichenes Transparent mit Begriffen aus seiner Systemtheorie. An der Fassade weist das Firmenschild seines Großvaters auf die ehemalige Braunbierbrauerei hin. Und eine Straße, die nach Niklas Luhmann benannt wurde, liegt in einer

Neubausiedlung am Stadtrand. Dabei hat hier, am Ilmenauufer, Luhmanns außergewöhnlicher Weg begonnen. Im Hafenviertel lernte er die Regeln, nach denen Menschen zusammenleben, die Ratsbücherei öffnete ihm die Tür zur Welt des Wissens, und auf dem Fliegerhorst verteidigte er seine Stadt gegen die Engländer. Er schaute früh in den Abgrund von Ideologie, und auch das war ein wesentlicher Markstein seines Werdegangs.
Der Hafen existiert schon lange nicht mehr in seiner ursprünglichen Funktion und Bedeutung, und doch dient er der Stadt als Einnahmequelle. Das heutige Lüneburg lebt vom Tourismus. Die vielen erhaltenen Patrizier- und Handwerkshäuser, die Mühlen und die Hafenanlage mit Kaufhaus und Kran ziehen ganze Gruppen von Reisenden an.

Im alten Brauhaus geht seit Anfang der 1990er Jahre studentisches Publikum ein und aus. Der damalige Gastwirt hatte der Altlüneburger Bierstube den passenden Namen PONS gegeben. Um die Jahrtausendwende übernahm der Sohn Niklas Luhmanns vorübergehend den Kneipenbetrieb. Die Gäste trafen sich zum Literaturclub oder zu philosophischen Abenden. Die Verbindung zwischen dem Haus und Niklas Luhmann wurde sichtbar. Heute ist die Gaststätte wieder verpachtet. Das studentische Publikum ist geblieben, und wie bereits vor 500 Jahren wird hier noch immer Bier ausgeschenkt.

Das alte Brauhaus mit Heinrich Luhmanns „Alt-Lüneburger Bierstube“.

Anhang

Die Zitate von Heinrich, Dieter und Clemens Luhmann stammen aus Gesprächen, die die Autorin im Jahr 2010 mit den beiden Brüdern und dem Sohn Niklas Luhmanns führte.

Anmerkungen

1 Niklas Luhmann in: Horster 1997, S. 29.
2 Adolf Hitler, zit. n. Jörg Lau (2003): Auf der Suche nach der verlorenen Normalität. Helmut Kohl und Hans Magnus Enzensberger als Generationsgenossen, in: Eurozine, 03.09.2003, abrufbar unter: http://www.eurozine.com/articles/2001-09-03-lau-de.html, Stand: 08.03.2011.
3 Niklas Luhmann in: Horster 1997, S. 29f.
4 Niklas Luhmann, zit. n. Kai Schlieter (2009): Der Antihumanist, in: die tageszeitung, 16.06.2009, o. S.
5 Niklas Luhmann 1987, S. 131.
6 Niklas Luhmann 1997, o. S.
7 Ebd., o. S.
8 Talcott Parsons, zit. n. Niklas Luhmann 1987, S. 133.
9 Niklas Luhmann 1997, o. S.
10 Niklas Luhmann 1970, S. 84.
11 Dirk Baecker (1999): Niklas Luhmann und die Manager, Vortrag vom 03.10.1999 im Rahmen der Freiburger Reden, abrufbar unter: http:/www.uni-koblenz.de/~dkwitsch/Luhmann%20Freiburg/Freiburger%20Reden%20-%20Dirk%20Baecker.pdf, Stand: 08.03.2011.
12 Niklas Luhmann 1997a, S. 11.
13 Niklas Luhmann 1992, o. S.
14 Niklas Luhmann 1981, S. 288.
15 Niklas Luhmann 1992, o. S.
16 Niklas Luhmann 1984, S. 325.
17 Niklas Luhmann 1987, S. 25.
18 Niklas Luhmann, zit. n. Dirk Baecker (1998): Für eine Vernunft der Zigeuner, in: Freitag 48, 20.11.1998, S. 3.
19 Robert Spaemann (1990): Niklas Luhmanns Herausforderung der Philosophie. Laudatio anlässlich der Verleihung des Hegel-Preises an Niklas Luhmann, in: Niklas Luhmann (1990), S. 51ff.
20 Niklas Luhmann 1987, S. 147.
21 Ebd., S. 153.

Bildnachweis

S. 2, 28, 31: Dieter Luhmann; S. 6, 13, 17, 19, 22, 48: Lilli Nitsche; S. 8: Lüneburger Blätter 4, 1953; S. 11: Braun/Hogenberg, Civitates orbis terrarum, Köln 2008; S. 14, 25, 51: Sammlung Boldt; S. 15: Joachim Matthei, Lüneburg, München/Berlin 1950; S. 21: Helmut C. Pless, Salz und Malz, Lüneburg 1985; S. 29: Edgar Ring/Stadt Lüneburg; S. 35: Hartmut Wolf; S. 39: Universitätsarchiv Bielefeld; S. 42: Niklas Luhmann, Schriften zu

Kunst und Literatur, Frankfurt/Main 2008; S. 47: Bernhard Pierel, WESTFALEN-Blatt; S. 55, Rückumschlag: Veronika Luhmann-Schröder.
Leider konnten nicht alle Bildnachweise ermittelt werden.

Literatur (Auswahl)

Christine von Blanckenburg (2001): Die Hanse und ihr Bier. Brauwesen und Bierhandel im hansischen Verkehrsgebiet, Wien Köln Weimar: Böhlau.

Doris Böker (2010): Baudenkmale in Niedersachsen: Hansestadt Lüneburg mit Kloster Lüne, Petersberg: Michael Imhof.

Detlef Horster (1997): Niklas Luhmann, München: C.H. Beck.

Jürgen Kocka (1995): Bürgertum und Bürgerlichkeit im 19. Jahrhundert, Göttingen: Vandenhoeck & Ruprecht.

Niklas Luhmann (1970): Soziologische Aufklärung 1, Opladen: Westdeutscher Verlag.

Niklas Luhmann (1981): Soziologische Aufklärung 3, Opladen: Westdeutscher Verlag.

Niklas Luhmann (1984): Soziale Systeme, Frankfurt/Main: Suhrkamp.

Niklas Luhmann (1987): Archimedes und wir. Interviews (zus. mit Dirk Baecker u. Georg Stanitzek, Hg.), Berlin: Merve.

Niklas Luhmann (1990): Paradigm lost: Über die ethische Reflexion der Moral, Frankfurt/Main: Suhrkamp.

Niklas Luhmann (1992): Einführung in die Systemtheorie, 2. Vorlesung aus dem Wintersemester 1991/92, Heidelberg: Carl-Auer-Systeme.

Niklas Luhmann (1997): „Es gibt keine Biographie". Radio-Gespräch mit Wolfgang Hagen am 2.10.1997, Radio Bremen II, abrufbar unter: http://www.whagen.de/gespraeche/LuhmannBiografie.htm, Stand: 8.3.2011.

Niklas Luhmann (1997a): Erziehung als Formung des Lebenslaufs, in: Dieter Lenzen, Niklas Luhmann (Hg.): Bildung und Weiterbildung im Erziehungssystem. Frankfurt/Main: Suhrkamp.

Niklas Luhmann (1997b): Die Gesellschaft der Gesellschaft. Frankfurt/Main: Suhrkamp.

Niklas Luhmannn (2006): Das Kind als Medium der Erziehung, Frankfurt/Main: Suhrkamp.

Elmar Peter (1999): Lüneburg. Geschichte einer 1000jährigen Stadt. 956–1956, Lüneburg: Museumsverein für das Fürstentum Lüneburg.

Oliver Pfohlmann (2000): Das Irrlicht auf den Worten, in: die tageszeitung vom 5.10.2000.

Werner H. Preuß (2004): Das Lüneburger Wasserviertel, Husum: Husum Druck- u. Verlagsgesellschaft.

Werner H. Preuß (Hrsg.) (2001): Stadtentwicklung und Architektur. Lüneburg im 20. Jahrhundert, Husum: Husum Druck- u. Verlagsgesellschaft.

Wilhelm Reinecke (1977): Geschichte der Stadt Lüneburg, Lüneburg: Museumsverein für das Fürstentum Lüneburg.

Silke Springensguth (2007): Tod im Turm. Godesberg: Forum.

Wer sich außerhalb von Wissenschaft und Forschung mit Niklas Luhmann beschäftigen will, hat dazu vielfältigste Möglichkeiten. Man muss nicht mit seinem Hauptwerk beginnen. Im Vergleich zu seinen aus dem Zettelkasten herausdestillierten Schriften ist Luhmanns gesprochenes Wort angenehm verständlich. Seine Vorträge und Vorlesungen sind stets von Beispielen und Zusatzerklärungen flankiert. Die zwölfteilige Vorlesungsreihe *Einführung in die Systemtheorie*, gehalten im Wintersemester 1991/92 an der Universität Bielefeld, eröffnet verständlich und unterhaltsam das Grundgerüst seiner Theorie. Lesenswert ist die in diesem Buch häufig zitierte Monografie von Detlef Horster, der Niklas Luhmann im Interview vorstellt und die einzelnen Theoriebausteine noch einmal mit anderen Worten erklärt. Zum Schmökern eignet sich das Bändchen *Short Cuts* zu Niklas Luhmann oder der Interview-Band *Archimedes und wir*, der dokumentiert, wie Luhmann die Wissenschafts-Szene in den 1980er Jahren herausgefordert hat – und sie ihn.

Niklas Luhmann im Jahre 1988.

Ich bedanke mich bei der Familie Luhmann für die wertvolle Unterstützung dieses Projekts. Darüber hinaus danke ich dem Architekten Heinz Henschke, dem Stadtarchäologen Dr. Edgar Ring, Fidel Tillmann, Frau Dr. Ute Reinhardt, Herrn Danny Kolbe vom Lüneburger Stadtarchiv, Prof. Dr. Gunter Runkel, Thomas Sander und allen anderen, die dieses Buch durch Weitergabe ihres Wissens bereichert haben.
Mein besonderer Dank gilt meinem Lehrer Dr. Klaus Holz, der mit uns Studenten Die Gesellschaft der Gesellschaft geduldig Seite für Seite durchgelesen hat. Last but not least danke ich Roger von Heereman für seine anhaltende Unterstützung.

Herausgeber: Johanna Lutteroth und Andreas J. Meyer

Umschlaggestaltung: Michael Sauer und Merlin Verlag unter Verwendung eines Fotos von Lilli Nitsche
Satz: Merlin Verlag
Gesamtherstellung: Druckerei Carstens, Schneverdingen
1. Auflage, im 54. Jahr des Merlin Verlages
Gifkendorf 2011
ISBN 978-3-87536-283-1
www.merlin-verlag.de